Kathrin Friesenbiller

"Stolz und Vorurteil" von Jane Austen: Charakterisierung der Hauptpersonen und Parallelen zwischen Autorin und Elizabeth Bennet

GRIN Verlag

Bibliografische Information der Deutschen Nationalbibliothek:

Die Deutsche Bibliothek verzeichnet diese Publikation in der Deutschen National-
bibliografie; detaillierte bibliografische Daten sind im Internet über http://dnb.d-
nb.de/ abrufbar.

Impressum:

Copyright © 2013 GRIN Verlag, Open Publishing GmbH
Druck und Bindung: Books on Demand GmbH, Norderstedt Germany
ISBN: 978-3-656-64595-5

Dieses Buch bei GRIN:

http://www.grin.com/de/e-book/272616/stolz-und-vorurteil-von-jane-austen-cha-
rakterisierung-der-hauptpersonen

GRIN - Your knowledge has value

Der GRIN Verlag publiziert seit 1998 wissenschaftliche Arbeiten von Studenten, Hochschullehrern und anderen Akademikern als eBook und gedrucktes Buch. Die Verlagswebsite www.grin.com ist die ideale Plattform zur Veröffentlichung von Hausarbeiten, Abschlussarbeiten, wissenschaftlichen Aufsätzen, Dissertationen und Fachbüchern.

Besuchen Sie uns im Internet:

http://www.grin.com/

http://www.facebook.com/grincom

http://www.twitter.com/grin_com

Inhaltsverzeichnis

1 Einleitung

In meiner Facharbeit werde ich das Werk „Stolz und Vorurteil" (Original: Pride and Predjudice) von Jane Austen behandeln. Der 1813 veröffentlichte Bildungs- und Entwicklungsroman behandelt mehrere Themen. So geht es wie der Titel schon sagt um die Vorurteile, die die Charaktere davon abhalten ihr gemeinsames Glück zu finden. Allerdings kann man auch eine recht kritische Gesellschaftsstudie erkennen.

Ich werde zunächst über das Leben der Autorin und ihre Werke sprechen, die Epocheneinteilung klären, den Inhalt besprechen, die wichtigsten Charaktere behandeln und die Textsorte klären. Zum Abschluss werde ich mich dann meiner speziellen Frage zuwenden. Dabei werde ich Parallelen und Unterschiede im Leben und in den Charaktereigenschaften der Hauptperson Elizabeth Bennet und der Autorin Jane Austen suchen und herausarbeiten.

2 Autor – Jane Austen

2.1 Leben der Autorin

Jane Austen wird am 16. Dezember 1775 als Tochter des Reverend George Austen und seiner Frau Cassandra in Steventon/Hampshire geboren. Sie hat eine ältere Schwester, Cassandra, und fünf ältere Brüder, James, George, Edward, Henry und Francis, wobei George, der Zweitgeborene, aufgrund einer nicht näher bekannten Behinderung früh weggegeben wird. Später wird noch ein Junge, Charles, geboren.[1]

Jane erhält schon in ihrer Jugend eine für die damalige Zeit relativ hohe Bildung, besucht von 1781 bis 1785 mit ihrer Schwester Cassandra verschiedene Schulen, und hat durch die umfassende Bibliothek ihres Vaters die Möglichkeit, sich selbst weiterzubilden.

Sie beginnt sehr früh zu schreiben, erste Texte verfasst sie im Alter von zwölf Jahren, wobei es sich dabei hauptsächlich um Parodien zeitgenössischer Literatur handelt, die zur Unterhaltung ihrer Familie dienen. Zwischen 1787 und 1793

---

[1] (Vgl. Maletzke, 2009)

entstehen mehrere Jugendschriften in drei Bänden, die „Juvenilia". Sie enthält 29 kürzere Texte wobei auch diese zum Vorlesen im Kreis der Familie bestimmt waren.[2]

Von 1793 bis 1794 arbeitet Jane Austen an dem Fragment "Lady Susan", welches erst jedoch posthum veröffentlicht wird. Außerdem entstehen in dieser Zeit auch die ersten Fassungen ihrer später bekanntesten Werke: *Elinor and Marianne* - Vorform von Sinn und Sinnlich, noch als Briefroman, und *First Impressions* - Vorform von Stolz und Vorurteil, ihr erster Roman in Erzählform.[3]

1801 erfolgt ein Umzug der Familie Austen nach Bath, wo Jane Austen 1802 den Heiratsantrag von Harrison Bigg Wither ablehnt, und 1805 ihr Vater Reverend George Austen stirbt.

1813 erscheint "Pride and Prejudice"(Stolz und Vorurteil) und entwickelt sich schon zu Lebzeiten Jane Austens zum größten Erfolg ihrer Karriere. Kurz darauf schließt sie 1813 den Roman "Mansfield Park" ab, welcher im Mai des folgenden Jahres erscheint.

Jane Austen verstirbt am 18. Juli 1817 krankheitsbedingt, und wird in der Kathedrale von Winchester beigesetzt. Ihr Bruder Henry veröffentlicht posthum ihre beiden Romane " NorthangerAbbey" und "Persuasion", außerdem eine Biographie in der er auch die Identität Jane Austens bekannt gibt, die ihre Bücherzeitlebens unter dem Anonym "By a Lady" veröffentlichte. [4]

2.2 Epochenzuteilung

Jane Austens Roman „Stolz und Vorurteil" lässt sich nicht eindeutig einer Epoche zuteilen, da zu dieser Zeit in England das Regency und in Europa die Romantik vorherrschend war. Infolgedessen werde ich hier beide Epochen kurz beschreiben.

2.2.1 Regency

Das Regency, eine Epoche in der Geschichte des Vereinigten König-reiches, lässt sich zeitgeschichtlich nicht eindeutig festlegen.

---

[2] (Vgl. Maletzke, 2009)
[3] (Vgl. Maletzke, 2009)
[4] (Vgl. Maletzke, 2009)

In der politischen Geschichte Großbritanniens handelt es sich dabei um die Regierungszeit Georg August Friedrichs von Hannover (später George IV) von 1811 bis 1820 als Prince Regent. Die Kunstgeschichte jedoch beschreibt das Regency als Stilrichtung. Der Zeitraum weicht von den neun Jahren der Regentschaft Georgs IV ab. [5]

2.2.2 Romantik

Die Romantik in Großbritannien ist keine organisierte Bewegung, sondern eine unorganisiertere Strömung der Literatur. Sie drückt sich, ähnlich wie in Deutschland und Frankreich, vor allem durch ein gesteigertes Interesse an der Natur und einer eher negativen Sicht auf Zivilisation, Fortschritt und reine Vernunft aus.[6]

Wichtige Vertreter der englischen Romantik sind:

Lyrik: William Blake, William Wordsworth, Samuel Taylor Coleridge, Lord Byron, Percy B. Shelley, John Keats

Epik: Sentimental Novel, Gothic Novel, Walter Scott, Mary Shelley, Jane Austen, Maria Edgeworth[7]

3 Inhalt des Romans „Stolz und Vorurteil"

„Es ist eine allgemein anerkannte Wahrheit, daß[sic] ein alleinstehender Mann, der ein beträchtliches Vermögen besitzt, einer Frau bedarf."[8]

Diese Aussage eröffnet den Roman und leitet schon bald auf ein spezifisches Ereignis im Leben der Familie Bennet über.

Mr. Bennet lebt mit seiner Ehefrau und den fünf Töchtern auf seinem Landsitz in Hertfordshire, England. Als das benachbarte Anwesen, Netherfield Park, vom jungen, alleinstehenden und vermögenden Mr.Bingley gepachtet wird, hofft Mrs. Bennet auf eine gute Partie für zumindest eine ihrer Töchter.[9]

---

[5] (Vgl. Maletzke, 2009)
[6] (Vgl wikipedia, Englische Literatur)
[7] (Vgl wikipedia, Englische Literatur)
[8] (Austen, Stolz und Vorurteil, 2012, S. 5)
[9] (Vgl. Austen, Stolz und Vorurteil, 2012)

Mr. Bingley bringt seinen Freund Mr. Darcy mit auf sein Anwesen, den alle wegen seiner stolzen, hochmütigen Art, trotz seines immensen Vermögens, sehr bald unsympathisch finden. Besonders Elizabeth Bennet, mit 20 Jahren die zweitälteste Tochter der Familie hegt schnell eine tiefe Abneigung gegen den Aristokraten, als dieser sie für nicht schön genug befindet, um sie zu einem Tanz aufzufordern. Die älteste Tochter Jane hingegen hat mehr Glück: Auf einem Ball wird sie von Mr. Bingley klar bevorzugt, und die beiden entwickeln schon nach kurzer Bekanntschaft eine stumme Zuneigung.[10]

Mit der Zeit verschlechtert sich Elizabeths Meinung über Darcy weiter, und als sie Mr. Wickham kennenlernt, einen jungen Offizier, der erzählt, dass er in der Vergangenheit von Darcy hintergangen und ruiniert wurde, fühlt sie sich in ihren negativen Vorurteilen endgültig bestätigt, erregt jedoch währenddessen, von ihr selbst ebenso unbemerkt wie ungewollt, doch noch die Aufmerksamkeit Darcys. Ihre Schönheit und Klugheit ebenso wie ihre, für ihn ungewohnte, Keckheit machen ihn zu ihrem stillen Verehrer.[11]

Nur wenige Wochen später trifft ein entfernter Cousin der Familie Bennet auf dem Anwesen ein. Mr. Collins, voraussichtlicher Erbe des Bennet-Be-sitzes, zeigt schnell die Absichten eine der Töchter zu ehelichen. Als jedoch Elisabeth seinen Antrag ablehnt, wendet er sich sehr zügig ihrer besten Freundin Charlotte zu. Nachdem auch Mr. Bingley überraschend nach London zurückkehrt, ist sich Elizabeth sicher, dass Mr. Darcy an dieser Wendung nicht unbeteiligt war.[12]

Jane reist nach London zu ihrer Tante, und Elizabeth fährt im Frühling nach Kent, um ihre Freundin Charlotte zu besuchen. Dort lernt sie auch Lady Catherine de Bourgh kennen, Darcys Tante. Durch Briefe erfährt sie, dass Jane in London nicht, wie erhofft, Bingley getroffen hat und seine Schwestern ausgesprochen abweisend waren. Bei einem zufälligen Gespräch erzählt ihr Darcys Cousin Colonel Fitzwilliam, dass Darcy einen guten Freund vor einer unpassenden Verbindung bewahrt habe.

---

[10](Vgl. Austen, Stolz und Vorurteil, 2012)
[11](Vgl. Austen, Stolz und Vorurteil, 2012)
[12] (Vgl. Austen, Stolz und Vorurteil, 2012)

Elizabeth ist wütend, denn sie weiß zu gut, dass es sich dabei nur um Jane und Bingley handeln kann.[13]

Den darauffolgenden Tag verbringt sie allein im Haus, als unerwartet Mr. Darcy auftaucht. Er gesteht der entsetzten Elizabeth seine Liebe und bittet um ihre Hand. Diese lehnt jedoch empört ab und macht ihm klar, dass er in der Vergangenheit durch sein Verhalten jede Chance auf ihre Zuneigung verspielt habe.

Ebediese heftigen Vorwürfe bringen Darcy dazu, alles in einem Brief zu erklären. Er gesteht, die Schuld an der Trennung von Jane und Bingley zu tragen, den Vorwurf Wickham das Erbe verweigert zu haben, weist er jedoch von sich. Seine tiefe Abneigung diesem Gegenüber rühre daher, dass Wickham versucht habe, Georgiana, Darcys erst 15-jährige und ihm als Vormund anvertraute Schwester und reiche Erbin, zu entführen und zur heimlichen Heirat zu überreden.[14]
Elizabeth sieht ein, vorschnelle Schlüsse gezogen zu haben, bereut jedoch ihre Entscheidung, den Antrag abgelehnt zu haben, nicht.

Als sie im folgenden Sommer mit ihrer Tante und ihrem Onkel Mr. Gardiner in die Grafschaft Derbyshire reist, in der auch Darcys Gut, der Landsitz Pemberley, liegt, begegnet sie diesem beim Besichtigen des Anwesens. Darcy verhält sich Elizabeth und ihrer Verwandtschaft gegenüber jedoch wie ausgewechselt: sehr höflich, sehr verbindlich und zum ersten Mal liebenswert.[15]

Die Reise wird jedoch abrupt beendet, als Elizabeth die Nachricht erhält, dass Lydia, die jüngste Tochter der Bennets, mit Wickham durchgebrannt und nicht mehr aufzufinden ist. Mr. Bennet und Mr. Gardiner reisen beide nach London, um sie zu suchen, doch erst durch die heimliche Hilfe von Darcy werden die beiden gefunden und zur Heirat bewogen. Um das vorläufige Glück der Bennets (vor allem das Mrs. Bennets) zu vervollständigen macht Mr.Bingley Jane einen Heiratsantrag.[16]

Während sich Darcy für kurze Zeit darauf in London aufhält, erscheint seine Tante, Lady Catherine de Bourgh, überraschend bei den Bennets: Es wären Gerüchte im Umlauf, Mr. Darcy gedenke Elizabeth zu ehelichen, was sie um der Heirat ihrer eigenen Tochter mit Darcy und der Ehre ihrer Familien wegen verhindern müsse. Auf

---

[13] (Vgl. Austen, Stolz und Vorurteil, 2012)
[14] (Vgl. Austen, Stolz und Vorurteil, 2012)
[15] (Vgl. Austen, Stolz und Vorurteil, 2012)
[16] (Vgl. Austen, Stolz und Vorurteil, 2012)

herrische und egozentrische Art versucht sie Elizabeth das Versprechen abzunehmen, auch mögliche zukünftige Anträge abzulehnen. Diese sieht jedoch keinen Grund dafür, solch eine Garantie zu geben, woraufhin Lady Catherine ihren Neffen in London besucht und ihm vollkommen empört über Mrs. Bennets Handeln zu erzählen.

Mit unerwünschtem Resultat! Darcy gewinnt nämlich aus Elizabeths Widerstand gegen seine Tante neue Hoffnung auf ihre Zuneigung und begleitet Mr.Bingley bei seinem Besuch in Longbourn. Beide erklären sich nun endlich ihre gegenseitige Liebe.[17]

4 Charakterisierungen

Die Charaktere in Stolz und Vorurteil sind sehr verschieden, entsprechen jedoch auch teilweise einfach zu klassifizierenden Stereotypen.

4.1 Elizabeth Bennet:

Die zweitälteste Tochter der Bennets ist eine stolze junge Frau Anfang zwanzig, sehr selbstständig, außerdem ehrlich und klug. Sie hat eine gute Beziehung zu ihrer einzigen älteren Schwester, Jane Bennet, und ist die Lieblingstochter ihres Vaters Mr. Bennet. Sie ist von einer Heirat aus Liebe und nicht aus rein finanziellen Aspekten überzeugt, was auch der Grund dafür ist, dass sie den Heiratsantrag ihres Vetters Mr. Collin ausschlägt, der daraufhin ihre beste Freundin Charlotte ehelicht. Den Antrag von Mr. Darcy hingegen schlägt sie aus, weil sie von ihm zu oft in ihrem Stolz verletzt wurde, und ihm außerdem die Schuld daran gibt, dass Mr. Bingley den Kontakt zu Jane so abrupt beendete. Gegen Ende des Buches begreift sie, wie viel Darcy für sie und ihre Familie getan hat, und wie sehr sie sich zu ihm hingezogen fühlt.[18]

Sie muss also eine sich über das ganze Buch ziehende Entwicklungsphase durchlaufen, in der sie erkennt, wie sehr man sich von falschem Stolz, übereilten Urteilen und schlechter Nachrede anderer irreführen lassen kann.

---

[17] (Vgl. Austen, Stolz und Vorurteil, 2012)
[18] (Vgl. Austen, Stolz und Vorurteil, 2012)

4.2 Mr. Fitzwilliam Darcy

Mr. Darcy, dem überall im Lande der Ruf vorauseilt, 10.000 Pfund im Jahr zu verdienen, begleitet zu Beginn des Werkes seinen Freund Mr. Bingley nach Netherfield, den Landsitz den dieser gepachtet hat. Am Anfang wirkt er ernst, kühl, humorlos, wird als gleichsam hochmütig wie unangenehm beschrieben und versucht auch nicht sich der Gesellschaft vorzustellen, geschweige denn Bekanntschaften zu schließen.[19]

Insbesondere erregt er das Missfallen von Elizabeth Bennet indem er sie in ihrer Gegenwart gegenüber Mr.Bingley als „Passabel, aber nicht schön genug, um mich in Versuchung zu bringen"[20] beschreibt. Des Weiteren gibt er seinem Freund Mr. Bingley den Rat, sich von Jane Bennet fernzuhalten, da ihre Gefühle nicht aufrichtig seien.[21]

Auch Mr. Darcy macht wie Elizabeth eine Wandlung durch. Ist für ihn zum Beispiel bei seinem ersten Heiratsantrag noch die Tatsache von Bedeutung, wie sehr es alle moralischen Grundsätze verletzten würde eine Frau zu heiraten, deren gesellschaftlicher Stand weit unter seinem liegt, so ist er gegen Ende des Buches sogar bereit, das Missfallen seiner Tante Lady Catherine de Bourgh zu erregen, nur um Elizabeths Zuneigung zu gewinnen.[22]

4.3 Mr. Charles Bingley

Charles Bingley ist 23 Jahre alt, als er das Anwesen nahe der Bennets pachtet und dadurch zum ersten Mal auf die Familie trifft. Er ist, trotz der Unterschiede in ihren Persönlichkeiten, der engste Freund von Mr. Darcy und vertraut seinem Urteil blind.

Bingley ist ein aufgeschlossener, sehr gutmütiger und wohlhabender junger Mann. Im Gegensatz zu den meisten Menschen seiner Gesellschaftsschicht, wie zum Beispiele seinem Freund Mr. Darcy, ist er aufgeschlossen und freundlich, wodurch es ihm leicht fällt sich unter die ländliche Bevölkerung zu mischen.

---

[19] (Vgl. Austen, Stolz und Vorurteil, 2012)
[20] (Austen, Stolz und Vorurteil, 2012, S. 15)
[21] (Vgl. Austen, Stolz und Vorurteil, 2012)
[22] (Vgl. Austen, Stolz und Vorurteil, 2012)

4.4 Jane Bennet

Jane Bennet ist die älteste der Bennet Schwestern und zu Beginn des Romans 22 Jahre alt. Durch und durch ein Gutmensch ist sie nicht fähig das Schlechte in ihrem Gegenüber zu erkennen und niedere Beweggründe zu durchschauen. Auf Fremde wirkt sie zunächst ein wenig abweisend und distanziert, da ihr schüchterner und zurückhaltender Charakter es schwer macht die Tiefe ihrer Gefühle zu erkennen. [23]

4.5 Lydia Bennet

Lydia Bennet, die 15 Jahre alte und damit jüngste Tochter der Familie ist äußerst eitel, selbstgefällig, naiv, eigensinnig und rücksichtslos. Sie wird als eindeutiger Favorit ihrer Mutter beschrieben, welche sie verwöhnt und Lydia in ihrer Trägheit und Torheit ermutigt, sie in allem unterstützt und ihr jeden noch so verhehrenden Fehler verzeiht.

4.6 George Wickham

Wickham ist Mr. Darcys Gegenspieler im Roman und wird als schneidiger, charmanter und gut aussehender Offizier beschrieben, der zunächst Elizabeths Gunst durch seine offene und fröhliche Art gewinnt, und schließlich die Öffentlichkeit glauben macht, Mr. Darcy raubte ihm seinen Traum, ein Geistlicher zu werden, indem er ihm das Erbe ausschlug und ihn in Armut leben ließ. Erst durch die Konfrontation mit Darcy beginnt Elizabeth ihn zu durchschauen.[24]

Als Sohn des Dieners von Darcys Vater, wurde Wickham ein Erbe für seine Schulausbildung in der Priesterschaft hinterlassen. Er bat jedoch um die sofortige Auszahlung des gesamten Betrags, welche ihm Darcy gewährte. Nachdem er jedoch alles verschleudert hatte und mehr forderte, gab Mr. Darcy seinen Forderungen nicht nach, woraufhin Wickham versuchte, mit Darcys Schwester Georgina (die damals gerade 15 war) durchzubrennen, um somit an ihren Teil des Vermögens, stolze 30.000 Pfund, zu kommen. Um die Ehre seiner Schwester nicht zu verletzen vertuschte Darcy die ganze Geschichte und Wickham verschwand, nachdem er erkannt hatte, dass er so nie etwas von dem Vermögen erhalten würde.[25]

---

[23] (Vgl. Austen, Stolz und Vorurteil, 2012)
[24] (Vgl. Austen, Stolz und Vorurteil, 2012)
[25] (Vgl. Austen, Stolz und Vorurteil, 2012)

4.7 Mr. und Mrs. Bennet

Zwei Charaktere wie Tag und Nacht, die unterschiedlicher nicht sein könnten. Mrs. Bennet, eine ignorante, selbstgefällige Frau deren einziger Lebensinhalt es scheint, ihre Töchter zu verheiraten. Sie ist immer laut, immer im Vordergrund, während Mr. Bennet hingegen als ruhiger, älterer Mann beschrieben wird, der sich trotz aller Unaufdringlichkeit um das Wohl seiner Töchter sorgt. Am deutlichsten wird das sichtbar, als Mr. Darcy um Elizabeths Hand anhält. Während Mrs. Bennet sofort begeistert ist, aufgrund des Vermögens ihres neuen Schwiegersohnes, ist Mr. Bennet skeptisch und nicht sofort davon überzeugt, dass Elizabeth auch wirklich glücklich wäre.[26]

5 Textsorte

Als Alternative zum durchwegs gängigen Briefroman hat Jane Austen ihre Romane „Emma" und „Pride and Prejudice" in der auktorialen Erzählperspektive geschrieben. Dabei wird die Handlung von einem Außenstehenden, allwissenden Erzähler vermittelt, wobei sich jedoch Figuren, Erzähler und Leser ein Wertesystem teilen (Die Aussagen des auktorialen Erzählers sind also immer wahr und glaubhaft). Die Erzählung ist somit objektiver als eine Ich-Erzählung, da diese nur die Gefühle und Gedanken einer einzigen Person wiedergibt, allerdings auch subjektiver als ein in der neutralen Erzählperspektive geschildertes Ereignis.[27]

Zum Roman allgemein ist zu sagen, dass es sich dabei um eine literarische Gattung handelt, die sich erst im 18. Jahrhundert zur heutigen Form entwickelt hat. Historisch benachbarte Gattungen sind die kürzere Novelle sowie die Kurzgeschichte. Bei allen drei handelt es sich um Epische Erzählformen.

---

[26] (Vgl. Austen, 2012)
[27] (Nikrandt & Stöbener)

6 Themenspezifische Frage

Unterschiede und Gemeinsamkeiten in Biografie und Charakter der Autorin Jane Austen und ihrer literarischen Figur Elizabeth Bennet

Leben und Familienverhältnisse:

Jane Austen stammt aus einer gutbürgerlichen Familie ohne viel Ansehen oder Vermögen, doch war sie niemals arm oder musste sich ernsthaft um ihren Unterhalt sorgen. Grund dafür waren hauptsächlich ihre schriftstellerischen Fähigkeiten, die schon zu Lebzeiten erstaunliche Einnahmen erzielten. [28]

Ihre Mutter, Cassandra Leigh, heiratet unter ihrem Stand den Reverend George Austen. Sie wird als gebieterische Frau mit aristokratischer Hakennase und resoluter, schlagfertiger Art beschrieben, George Austen als gutaussehender, manierlicher junger Mann mit gesichertem Einkommen, ebenso liebenswürdig und strebsam. [29]

Unter allen Austen-Kindern stehen sich Jane und Cassandra als die einzigen Mädchen außergewöhnlich nahe. Es herrscht bis ins hohe Alter Briefverkehr, sie wohnen teilweise zusammen oder nah beieinander. Beide sind sich ähnlich, heiraten nie, und als Jane stirbt, ist Cassandra bei ihr. Aufgrund der fehlenden Familie wird Cassandra als Haupterbin eingesetzt. [30]

Von ihren Brüdern ist ihr Henry am liebsten. Zuerst Student, dann Offizier, Banker und zuletzt Pfarrer, wird er als charmant und eloquent beschrieben. Dass sie ihrer Familie die Nichtwürdigung ihrer Talente verzeiht, lässt auf einen nachgiebigen Charakter schließen. [31]

Warum sie nie heiratet ist ein biografisches Rätsel. Mehreren Vermutungen wurde bereits nachgegangen, doch weder aus ihren Briefen noch aus Briefen ihrer Familienmitglieder lässt sich eine zu beweisende Antwort finden. Sicher ist jedoch, dass sie mit 27, ein Alter, in dem zu dieser Zeit eine Heirat längst überfällig war, den Antrag eines netten, wohlhabenden Gentlemans ablehnt. Im Kontrast zu ihrem

---

[28] (Vgl. Maletzke, 2009)
[29] (Vgl. Maletzke, 2009)
[30] (Vgl. Maletzke, 2009)
[31] (Vgl. Maletzke, 2009)

eigenen Verhalten schreibt sie in einem Brief an ihre Schwester, dass „ Jeder im Leben zumindest einmal das Recht haben sollte, aus Liebe zu heiraten". [32]

Charakter:

Vom Wesen lässt sich über Jane Austen auf jeden Fall sagen, dass sie, trotz ihrer Kinderlosigkeit, ein extremer Familienmensch war. Sie kümmert sich rührend um ihre Nichten und Neffen, es geht so weit, dass die Biografin Elsemarie Maletzke in ihrer Biografie folgendes dazu sagt: *„Tatsächlich trat sie eher als Tante denn als Schriftstellerin in Erscheinung, und man wünschte, es wären in ihrem Leben ein paar Neffen und Nichten weniger und ein paar Romane mehr erschienen."*[33]

Außerdem wird sie als hübsch und äußerst kultiviert beschrieben, hatte schöne Augen und runde Wangen, Geschmack, Witz und tanzte gern.

Trotz all der Oberflächlichkeit (sie lässt in ihren Büchern nie wirklich Kritik an Staat oder Kirche anklingen) geht vor allem aus ihren Briefen an Cassandra hervor, dass Jane Austen ihren Titel als „elegantestes Satirisches Talent des ausgehenden 18. Jahrhunderts" verdient hat. [34]

Leben und Familienverhältnisse:

Elizabeth Bennet hingegen wird es nicht so leicht gemacht. Da ihr als Frau laut Gesetz kein Erbe zusteht, muss sie sich vorsehen, bis zum Tod ihres Vaters eine gesicherte Einnahmequelle zu finden. In den Augen der damaligen Gesellschaft: Am besten ein möglichst reicher Ehemann.

Den zu finden erweist sich als schwierig, wie für alle Frauen dieser Zeit ohne größerem Ansehen und Vermögen. Ihre Mutter, Mrs. Bennet, widmet sich dieser Aufgabe mit größtmöglicher Hingabe, erscheint jedoch durch ihr ignorant wirkendes Streben einen Ehemann für die fünf Töchter zu finden, oft als lächerlich, oberflächliche Frau. [35]

Außerdem sieht sie nicht ein, wie wichtig eine Heirat aus Liebe für die ältesten Töchter, Jane und Elizabeth ist, und reagiert erbost, als Elizabeth den Heiratsantrag

---

[32] (Austen, My dear Cassandra! Ausgewählte Briefe, 1993)
[33] (Maletzke, 2009, S. 19)
[34] (Vgl. Maletzke, 2009)
[35] (Vgl. Austen, Stolz und Vorurteil, 2012)

ihres Cousins Mr. Collins ausschlägt. *Hier findet sich eine wichtige Parallele der beiden Persönlichkeiten. Trotz der im 18. und 19. Jahrhundert gering gehaltenen Möglichkeiten lediger Frauen weisen beide einen vielversprechenden Kandidaten zurück. Während Harris Bigg-Wither (Jane Austen) jedoch als netter, charmanter Gentleman beschrieben wird, ist Mrs. Collins (Elizabeth Bennet) ein komischer, selbstherrlicher Mensch.* [36]

Trotz aller Widrigkeiten findet sie (wie ausnahmslos ALLE Heldinnen der Jane Austen Romane) den für sie passenden Ehemann. *Hier ein klarer Unterschied: Jane Austen heiratet nicht, während sie fast jeden von ihr geschaffenen Charakter früher oder später in den Bund der Ehe taxiert.* [37]

Auch die älteste Tochter der Bennets findet im Laufe des Romans ihren Traummann. Jane und Mr. Bingley wirken wie füreinander geschaffen: beide von derselben positiven, gutgläubigen Art, sehr zurückhaltend und höflich. Elizabeth freut sich für ihre Lieblingsschwester, noch größer ist die Freude als Mr. Bingley ein Gut nur 30 Meilen von Darcys Besitz erwerben kann. *Die innige Beziehung zwischen Elizabeth und Jane ist wohl die größte Gemeinsamkeit, die Jane Austen mit ihrem Lieblingscharakter hat. Es wird von den meisten Biografen angenommen, dass sie hier ihre eigene Schwesterliebe einfließen ließ, jedoch lässt sich auch darüber keine zu beweisende Meinung bilden, da nichts dergleichen durch Briefe oder Erzählungen belegbar ist.* [38]

Charakter:

Elizabeth wird stets als ehrlich, stolz, selbstständig und klug beschrieben. Außerdem ist sie durchaus bereit, ihre Meinung durchzusetzen, was für eine Dame des 18. Jahrhunderts durchwegs unüblich war. *Hier finden sich ebenfalls Parallelen zwischen Jane Austen und ihrer Figur. Außerdem lässt sich anmerken, dass Austen zwar in ihren Büchern keine offensichtliche, bestätigte Kritik an irgendjemandem übt, jedoch viele ihre Figuren sehr kritisch reagieren lässt. So hält zum Beispiel Elizabeth nur wenig von einer Hochzeit aus finanziellen Aspekten, was zu dieser Zeit jedoch vor*

---

[36] (Vgl. Austen, Stolz und Vorurteil, 2012)
[37] (Vgl. Austen, Stolz und Vorurteil, 2012)
[38] (Vgl. Austen, Stolz und Vorurteil, 2012)
[38] (Vgl.Maletzke, 2009)
[38] (Vgl.Austen, My dear Cassandra! Ausgewählte Briefe, 1993)

allem für Frauen eine Selbstverständlichkeit war. Auch erlaubt sie es sich, auf Mr.
Darcys Stolz und Eigensinn mit spitzen Kommentaren zu antworten, was die Rechte
einer Frau gegenüber einem Mann deutlich überstieg. [39]

7 Conclusio

Bei Jane Austens Roman „Stolz und Vorurteil" handelt es sich sowohl um einen Unterhaltung als auch um einen Bildung- und Entwicklungsroman.

Außerdem hat Jane Austen eine im Kontext klar zu erkennende, kritische Gesellschaftsstudie eingebracht. Auf der einen Seite die Bennets, eine Familie der oberen Mittelschicht, gestraft durch das Fehlen eines männlichen Erbens, und somit der Notwendigkeit, alle Töchter noch vor dem Tod des Vaters möglichst gut zu verheiraten.

Auf der anderen Seite Mr. Darcy, ein reicher Aristokrat, selbstverliebt und überaus stolz. Er sieht auf die Bennets hinab und verachtet ihr Verhalten. Dennoch fühlt er sich schnell zu Elisabeth hingezogen, und überwindet für diese seinen Stolz und seine Standesdünken.[40]

<u>Im Laufe des Buches entwickeln sich drei Paare:</u>

Das Paar Elisabeth Bennet und Mr. Darcy, beide durch ihren Stolz und ihre scharfe Zunge ausgezeichnet, das allen Widerlichkeiten, Charakter- und Standesunterschieden zum Trotz zueinander findet. Ihre persönliche Entwicklung ist die bei weitem größte aller Charaktere. [41]

In den Charakteren von Jane und Mr.Bingley lassen sich keine größeren Unterschiede feststellen. Mr. Bennet meint dazu *„Beide seid ihr so nachgiebig, daß[sic] ihr niemals einen Entschluß[sic] fassen werdet; so leichtgläubig, daß[sic] euch alle Dienstboten betrügen werden; und so großzügig, daß[sic] ihr stets euer Einkommen überschreiten werdet"*[42]

---

[39] (Vgl. Austen, Stolz und Vorurteil, 2012)
[40] (Vgl. Austen, Stolz und Vorurteil, 2012)
[41] (Vgl. Austen, Stolz und Vorurteil, 2012)
[42] (Austen, Stolz und Vorurteil, 2012, S. 404)

Das dritte Paar, Mr. Wickham und Lydia, weist ebenfalls einen sehr ähnlichen Charakter auf. Beide sind übermäßig von sich selbst überzeugt und lieben es, auf Kosten anderer über ihren Verhältnissen zu leben.

Es gibt somit ein ausgewogenes Verhältnis zwischen sympathischen und unsympathischen Charakteren. Ebendieses Gleichgewicht macht die Jane Austen Romane so leicht leserlich und vermittelt zudem beim Lesen ein positives Gefühl.

Ich möchte diese Facharbeit mit meinem Lieblingszitat von Jane Austen über ihre Figur Elizabeth Bennet abschließen.

„Ich muß[sic] selbst sagen, sie ist eine der hinreißendsten Gestalten, die je im Druck erschienen ist, und ich weiß nicht, wie ich denen gnädig sein soll, die nicht wenigstens sie mögen." [43]

---

[43] (Maletzke, 2009, S. 215 zitiert nach: Jane Austen)

8 Literaturverzeichnis

Primärliteratur:

Austen, J. (2012). *Stolz und Vorurteil* (16. Ausg.). (H. Schulz, Übers.) München: Deutscher Taschenbuch Verlag GmbH & Co.KG.

Austen, J. (1993). *My dear Cassandra! Ausgewählte Briefe* (Bde. 1 Ullstein-Buch ; 30312 : Die Frau in der Literatur). (I. von Rosenberg, Übers.) Berlin, Deutschland.

Sekundärliteratur:

Austen, J. (2012). *Stolz und Vorurteil* (16. Ausg.). (H. Schulz, Übers.) München: Deutscher Taschenbuch Verlag GmbH & Co.KG.

Dürmüller, P. (2008-2009). *Logos. Studien zu Literatur und Geschichte.* Abgerufen am 8. Mai 2013 von http://www.logos.li/2008/09/jane-austen-stolz-und-vorurteil.html

Maletzke, E. (2009). *Jane Austen; Einer Biographie* (1. Ausg.). München: btb Verlag.

Nikrandt, W., & Stöbener, M. (kein Datum). *Autoriale Erzählperspektive.* Abgerufen am 25. Mai 2013 von http://www.buecher-wiki.de/index.php/BuecherWiki/AuktorialeErzaehlperspektive

wikipedia, Englische Literatur. (kein Datum). Abgerufen am 21. 05 2013 von http://de.wikipedia.org/wiki/Englische_Literatur

wikipedia, Typisches Modell der Erzählsituationen. (kein Datum). Abgerufen am 21. 05 2013 von http://de.wikipedia.org/wiki/Typologisches_Modell_der_Erz%C3%A4hlsituationen